LA CONQUISTA DEL OESTE

1862–1890

escrito por Joanne Barkan
adaptado por Eugenia Schettino

Tabla de contenido

Introducción

Imagina que vives en una granja en Missouri en 1865. La larga y cruel Guerra Civil ha terminado por fin. Tu familia está empacando para mudarse. Esperan encontrar más tierra y mejores oportunidades. ¿A dónde van? Al Oeste.

El Oeste era el área de tierra aproximadamente entre el Río Missouri y las montañas de la Sierra Nevada. Era un **territorio** enorme, de cerca de 1.2 mil millones de acres.

Primero estaban las Grandes Llanuras; después las Montañas Rocosas. Finalmente, un gran desierto se extendía hasta las montañas de la Sierra Nevada. Esta vasta área de llanuras cubiertas de pasto, montañas escarpadas y desiertos áridos tenía diferentes nombres. En 1865, algunos llamaban a esta área el indómito Oeste. Muchos sólo le llamaron "el Oeste".

El Oeste después de la Guerra Civil

Territorio de Washington

Territorio de Montana

MONTAÑAS ROCALLOSAS

Oregón

Río Missouri

GRANDES LLANURAS

Territorio de Idaho

Territorio de Dakota

SIERRA NEVADA

Nevada

Territorio de Utah

Territorio de Colorado

Territorio de Nebraska

California

Kansas

Territorio de Arizona

Territorio de Nuevo México

Territorio Indígena

Texas

Océano Pacífico

Antes de la Guerra Civil, el Oeste parecía terriblemente prohibido. Imagina **praderas** sin árboles, picos nevados y desiertos. ¿Podría alguien sobrevivir en el Oeste? La respuesta es "Sí". Los indígenas norteamericanos habían vivido allí durante miles de años. Cazadores de pieles solitarios habían deambulado las montañas desde principios del siglo XIX. Antes de 1858, algunos exploradores habían buscado oro. Pero pocas personas decidieron **establecerse**, o hacer sus casas, allí. Durante las décadas de 1840 y 1850, miles de pioneros viajaron por el Oeste, pero no se quedaron. No se detuvieron hasta que llegaron a California o a Oregón.

¡ES UN HECHO!

Si observas un mapa hecho antes de 1860, probablemente verás algo raro. A las Grandes Llanuras se les llamaba el "Gran Desierto Norteamericano". Por eso muchas personas pensaban que esa región era una tierra incultivable. ¡Qué error! Las Grandes Llanuras se encuentran entre las tierras cultivables más ricas del mundo.

ELLOS HICIERON LA DIFERENCIA

Brigham Young era el líder de un grupo religioso llamado los Mormones. En la primavera de 1846, él guió a 148 de sus seguidores desde Illinois a través de las Montañas Rocosas. Llegaron en julio hasta el Gran Lago Salado en lo que ahora es Utah. En el otoño, Young organizó una serie de caravanas para transportar a más Mormones, sus herramientas, provisiones y ganado hasta el lugar. Después de la Guerra Civil, miles de Mormones se unieron a ellos.

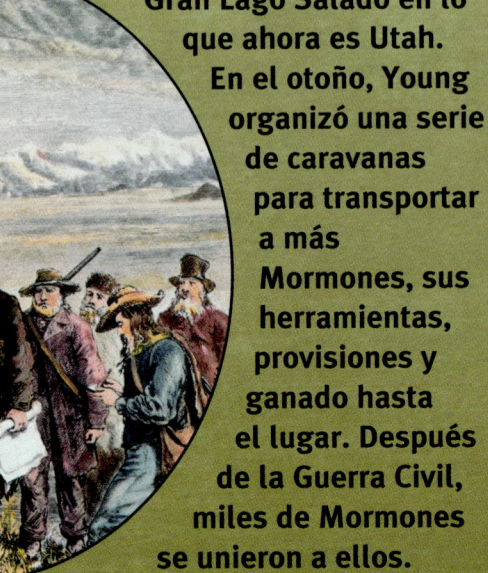

Brigham Young en el Gran Lago Salado

Después de la Guerra Civil, el Oeste cambió a gran velocidad. De repente, grandes grupos de personas comenzaron a viajar a esa zona para hacer una vida nueva. ¿Por qué? Los **descubrimientos** de oro y plata les daban esperanza. También lo hizo la cantidad de tierra que podían obtener con poco o nada de dinero. Los ferrocarriles facilitaron los largos recorridos y estimularon el comercio. Nuevas invenciones hicieron posible la agricultura en el suelo duro.

El congreso acepta la ley de protección a las tierras de colonización.	Termina la Guerra Civil. Millones de búfalos pastan en las Grandes Llanuras.	Se termina la construcción del Ferrocarril Transcontinental.	Se descubre oro en las Colinas Negras.
1862	1865	1869	1875

Después de 1865, cientos de miles de colonos se mudaban al Oeste casi cada año. Nuevas ciudades aparecían repentinamente, a veces de la noche a la mañana. Los colonos enfrentaron de todo, desde plagas de saltamontes hasta batallas a muerte por la tierra. La vida de los indígenas norteamericanos en el Oeste cambió para siempre a medida que el área se poblaba. Lee para aprender más acerca de las personas que colonizaron el Oeste después de la Guerra Civil. Busca una respuesta a esta pregunta: ¿Por qué las personas arriesgaban tanto para establecerse allí?

buscadores de oro

Se lleva a cabo la Batalla de Little Bighorn.	Se inventa un nuevo arado para cortar a través del pasto.	20,000 colonos exigen su tierra en un día durante la fiebre de la tierra en Oklahoma.	El búfalo de las Grandes Llanuras está al borde de la extinción.	Se lleva a cabo la Batalla de Wounded Knee.
1876	1877	1889	1889	1890

Los primeros colonos

¡Oro! Después de la **fiebre** del oro de 1849, pocos estadounidenses esperaban escuchar esa palabra mágica nuevamente. Pero en 1858, los cateadores volvieron a encontrar oro. Lo encontraron cerca del pico Pike al este de las Montañas Rocosas.

¡La fiebre del oro estaba en pleno auge! En pocos meses, miles de carretas cruzaron las Grandes Llanuras hasta el pico Pike en busca de oro. Hasta se volvió popular el eslogan: "¡El pico Pike o la ruina!" Muchos buscadores de oro pintaron el eslogan con letras grandes a los lados de sus carretas. Tan pronto como llegaban a las faldas de las Montañas Rocosas, los recién llegados armaban sus tiendas de campaña y sus chozas y empezaban a trabajar. Ese año no encontraron mucho oro. Sin embargo, surgió todo tipo de negocios en los campos mineros.

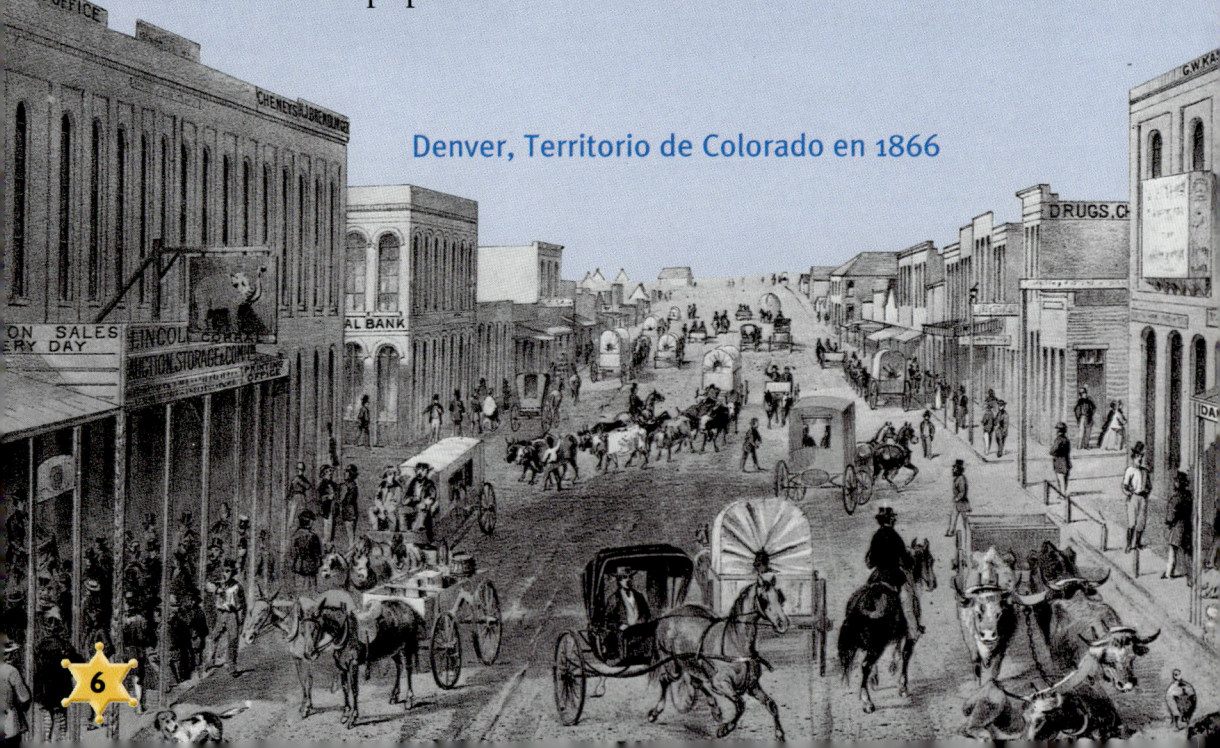

Denver, Territorio de Colorado en 1866

Surgieron almacenes, bares, bancos, herrerías y hoteles para servir a los mineros. Uno de estos campos mineros se convirtió en la gran ciudad de Denver que hoy en día es la capital de Colorado.

Los descubrimientos de oro produjeron fiebres del oro, y éstas produjeron pueblos. Esto sucedió en lo que ahora es Nevada, Montana y las Dakotas. Cuando se acabó el oro, desaparecieron algunos pueblos mineros. Pero otros crecieron hasta convertirse en las ciudades del oeste que conocemos hoy en día.

En 1859, los mineros encontraron oro y plata en las laderas del este de las Montañas de la Sierra Nevada. La **veta** de Comstock se convirtió en el depósito de plata más grande en la historia de los Estados Unidos. En sólo dos años, el campo minero se convirtió en la ciudad de Virginia, un pueblo pendenciero de 15,000 habitantes. Hoy en día, Virginia es una ciudad pequeña en el estado de Nevada.

En la actualidad, Denver tiene más de 500,000 habitantes.

FUENTE PRIMARIA

Mark Twain comenzó su carrera como escritor en la Ciudad de Virginia, Nevada, cuando tenía 27 años. Él decía que Virginia, por su edad y su población, era "la ciudad más viva" de los Estados Unidos. Twain, en su libro *Una vida dura* (Roughing It), recuerda a Virginia de esta forma: "Las aceras pululaban de gente a tal grado que no era cosa fácil detener a la marea de gente . . .

El dinero era tan abundante como el polvo; todos se consideraban ricos, y por ningún lado se veía un semblante melancólico. Había compañías militares, compañías de bomberos, bandas de instrumentos de metal, bancos, hoteles, teatros, clubes nocturnos, casas para juegos de apuestas, asambleas políticas, procesiones cívicas, peleas de la calle, asesinatos, indagaciones, disturbios, destiladoras de whiskey cada 15 pasos . . . e ideas de construir una iglesia".

Ciudad de Virginia, Nevada en 1866

Una caravana de carretas de colonos cruza las Grandes Llanuras en 1870.

"¡Tierra gratis!" Esas dos palabras tuvieron el mismo sonido mágico que la palabra "¡oro!" Esas palabras hicieron que la gente buscara una vida mejor en el Oeste. En 1862, el Presidente Abraham Lincoln firmó la Ley de protección de las tierras de colonización. La ley ofrecía 160 acres de tierra gratis en el Oeste a cualquier hombre, viuda o mujer soltera que la quisiera.

Los inmigrantes podían reclamar sus 160 acres si planeaban convertirse en ciudadanos. Si una persona vivía de la tierra y cultivaba parte de esta durante al menos cinco años, era suya. Debido a que en el Este ya casi no había tierra para cultivar, muchas personas pensaron que era el momento de ir al Oeste.

La Ley de protección de las tierras de colonización parecía una gran oferta para una familia que quería una nueva oportunidad. Pero, cuando algunas familias se sentaron a planear la mudanza, vieron problemas. Necesitarían una carreta para transportar sus pertenencias hasta el Oeste, un buey o caballos para jalar la carreta. Necesitarían materiales de construcción para su casa y el establo. Y necesitarían dinero para semillas y para comida que les durara hasta la primera cosecha. Establecer una granja en el Oeste podía ser muy costoso, pero había ayuda para los futuros granjeros y provenía de un lugar sorprendente: los ferrocarriles.

¡REVÍSALO!

Coméntalo
Vuélve a leer las páginas 10 y 11. ¿Por qué las compañías de ferrocarriles querían que la gente se fuera al Oeste? Comenta tu respuesta con un compañero.

personas cultivando en las Grandes Llanuras, 1870

Los pueblos crecieron a lo largo de las vías del Ferrocarril.

El 10 de mayo de 1869, se puso el último clavo del ferrocarril. El Ferrocarril Transcontinental se había terminado. Ya no era necesario cruzar el Oeste a caballo, en carreta o a pie. El ferrocarril iba desde Omaha, Nebraska hasta Sacramento, California. Pronto se unieron otras seis líneas de ferrocarril en el Oeste.

Las compañías de ferrocarril animaron a las personas a establecerse en el Oeste. ¿Por qué? Primero, más colonos significaba más carga. Todo viajaría en el tren, desde los arados hasta las estufas y el correo, y productos como el azúcar y el café. El ferrocarril también transportaría los cultivos y el ganado hasta los mercados del Medio Oeste y del Este.

Segundo, el gobierno había dado a las compañías de ferrocarriles grandes extensiones de tierra por cada milla de vías que colocaran, y las compañías querían vender la tierra con algún beneficio.

En el Oeste, las compañías ferrocarrileras eran dueñas de una gran cantidad de tierras de ambos lados de las vías. ¿Si tú fueras agricultor, tendría sentido que le compraras tierra a una compañía de ferrocarriles pudiéndola adquirir gratis? Tan extraño como suena, sí tenía sentido. Si comprabas tierra de una compañía de ferrocarriles, te podrían dar algunos extras. Tal vez transportarían tus pertenencias gratis. Si vinieras de Europa, tal vez la compañía de ferrocarriles te conseguiría un boleto de barco más barato. Tal vez hasta te proporcionarían estancia temporal mientras construyeras tu casa nueva.

De todas formas, muchos colonos seguían tomando la oferta del gobierno de adquirir tierra gratis.

fiebre de la tierra en Oklahoma, 22 de octubre de 1889

En 1889, la tierra que hoy en día es la parte oeste del estado de Oklahoma la poblaron en una noche durante la gran fiebre de la tierra. Por muchos años, los ciudadanos habían querido instalarse en esa tierra, aún cuando el gobierno de los Estados Unidos se la había prometido a los indígenas norteamericanos. El gobierno finalmente accedió a las peticiones de los colonos. El 22 de abril de 1889, después del sonido de un cuerno, unas 60,000 personas atravesaron corriendo el territorio indígena. Para cuando había caído la noche, toda la tierra se había repartido. Guthrie y la Ciudad de Oklahoma se convirtieron en ciudades bulliciosas de 10,000 habitantes en un sólo día.

Los colonos se apresuran para obtener tierras en Kansas en 1893.

¡ES UN HECHO!

¿Cómo fue que Oklahoma consiguió su apodo, el estado antes? En la fiebre de la tierra, algunos colonos no esperaron a oír el cuerno. Sólo corrieron e hicieron sus peticiones "antes" que otros.

Para el siglo XX, cerca de 7 millones de personas, incluyendo esclavos liberados y veteranos de la Guerra Civil, poseían granjas o trabajaban en granjas en el Oeste. De todas formas solamente cerca de 600,000 se habían beneficiado de la Ley de protección a las tierras de colonización. La mayoría de los colonos compró su tierra a los ferrocarriles o a vendedores privados de bienes raíces.

¡ES UN HECHO!

El ferrocarril era asunto de vida o muerte para un pueblo. Si el ferrocarril pasaba por o cerca de un pueblo, ese pueblo probablemente prosperaría. Un pueblo donde el ferrocarril no pasaba probablemente fracasaría. Los oficiales que planeaban las rutas de los ferrocarriles tenían un trabajo arriesgado. La gente trataba de sobornarlos para que la línea del tren pasara por su pueblo. Si escogían otro lugar, ¡tenían que cuidarse! Perder el ferrocarril era suficiente para que algunas personas se volvieran muy violentas.

ingenieros planeando una línea de ferrocarril en 1888

La vida en las Grandes Llanuras

Imagina que tu familia llega al Oeste para dedicarse a la agricultura. El Ferrocarril del Noroeste vendió a tus padres tierra en las Grandes Llanuras. Los agentes del ferrocarril dieron información a tus padres acerca de las nuevas maneras de cultivar trigo y maíz pero hay muchas cosas que no les dijeron. Nunca les dijeron que iban a encontrar:

• – 40° Farenheit en invierno
• 118° Fahrenheit en verano
• tormentas de nieve
• inundaciones
• tormentas de granizo
• escasez de lluvia
• tormentas de polvo
• incendios en las praderas
• suelo duro
• no había árboles
• enjambres de saltamontes
• víboras de cascabel

FUENTE PRIMARIA

Imagínate que vives en Europa a fines del siglo XIX. Ves un cartel como este en tu propio idioma en la ventana del peluquero: **¡OBTÉN UNA GRANJA HOY! ¡TIERRA BARATA! ¡VEN A NEBRASKA!**
Las compañías de ferrocarriles en el Oeste enviaron cientos de agentes por toda Europa para vender tierra. Ofrecían ofertas especiales de boletos. Pintaban la vida en una granja en el Oeste de color de rosa, y sus métodos dieron resultado. Muchos de los millones de inmigrantes que vinieron a los Estados Unidos se establecieron en el Oeste como granjeros.

Las Grandes Llanuras tenían la mejor tierra para agricultura en el Oeste, pero trabajarla no era tan fácil. Las largas raíces del pasto de la pradera dificultaban romper el suelo. Frecuentemente, una **sequía**, o un largo período de tiempo sin lluvia, destruía un cultivo completo.

Los vientos calientes quemaban los cultivos y hacían volar la capa superior seca del suelo. A veces, enjambres de saltamontes se comían los cultivos. Muchos de los colonos se daban por vencidos y se iban de las Grandes Llanuras.

una tormenta de polvo en las Grandes Llanuras

casa hecha de terrones de hierba en las Grandes Llanuras

Los colonos que se quedaron encontraron formas de luchar contra los desafíos de las Grandes Llanuras. Debido a que había pocos árboles en las praderas, los pioneros hicieron sus casas de **terrones de hierba** en vez de madera. Los terrones eran pedazos de tierra sujetada fuertemente por las largas raíces de pasto. Los pioneros cortaban bloques de estos terrones de hierba y los usaban como ladrillos.

Los granjeros importaban tipos resistentes de trigo del norte de Europa que aguantaran los vientos feroces de las llanuras.

Nuevos arados con puntas de acero cortaban los terrones para poder sembrar el trigo. Con nuevas máquinas para cosechar y desgranar, los granjeros podían plantar más acres. Como la madera era escasa, los granjeros construyeron cercas con una nueva invención llamada "alambre de púas". Estas cercas de metal con picos no permitían que el ganado y las ovejas se comieran sus cultivos.

Los granjeros en las Grandes Llanuras eran fuertes. Tenían que serlo. Gracias a su duro trabajo, la producción agrícola seguía creciendo. Entre 1860 y 1900, la cantidad de tierra utilizada para agricultura en los Estados Unidos creció a 430 millones de acres. Al mismo tiempo, el número de horas que se necesitaban para producir un acre de trigo bajó de 61 a 3 horas.

Antes de que se establecieran, la mayoría de las personas pensaban que las Grandes Llanuras eran un terreno baldío. Pero esos días se habían acabado. Las Llanuras se habían convertido en una "canasta de alimentos" para el mundo.

una granja de North Dakota en 1890

Para las mujeres, la vida en el Oeste era difícil.

Las mujeres de las granjas del Oeste y las del Este ayudaban a sembrar y a cosechar. Ellas hacían las mismas tareas diarias de la casa. Pero la vida era más difícil para las mujeres del Oeste. La mayor parte de los colonos no pudieron llevarse todos sus artículos del hogar en el largo trayecto hacia el Oeste. Y no tenían dinero para volver a comprar todo lo que habían dejado. Debían ser creativos. ¿No tenían estufa? Aprendían a cocinar y hornear en una fogata. ¿No tenían rodillo para amasar? Amasaban sus galletas con una botella vacía. ¿No tenían escoba? Juntaban ramas y barrían el piso.¿No tenían keroseno para las lámparas? Usaban manteca, o grasa de animal, derretida en un plato hondo y un pabilo hecho con un trapo torcido.

¡ES UN HECHO!

Todos en el Oeste, hombres, mujeres y niños, necesitaban saber montar a caballo. En una emergencia, tal vez tendrían que cabalgar varias millas hasta llegar al pueblo más cercano para conseguir un médico.

Los colonos se enfrentaron a otro desafío muy grande: los incendios en las praderas. Los rayos podían encender fuego en el pasto alto y seco. Un viento fuerte podría dar lugar a un fuego descontrolado. Una palabra describía la mayoría de los incendios de las praderas: *desastre*.

un incendio en la pradera, 1891

FUENTE PRIMARIA

Una mujer colona, llamada Gro Svendsen, escribió en 1863 en una carta sobre los incendios en las praderas: "Es un espectáculo muy raro y terrible ver todos los campos como un mar de fuego. Muy frecuentemente las llamas abrasadoras se llevan todo a su paso, personas, ganado, heno, cercas. En clima seco con un viento fuerte, el fuego corre más rápido que el caballo más veloz...".

vaqueros en Colorado en 1883

La historia de la vida en las Grandes Llanuras no estaría completa sin hablar del ganado. Entre mediados de las décadas de 1860 y 1880 reinaba la industria del ganado en el Oeste. Grandes manadas pastaban a campo abierto o en la pradera. Desde las llanuras del sur, la industria del ganado llegó hasta el norte en Kansas y a partes del este de Colorado, Wyoming y Montana.

Los rancheros poderosos—los barones del ganado— estaban en conflicto con los dueños de ovejas. No había suficiente pasto para ovejas y ganado. Por lo tanto, los barones del ganado querían que las ovejas se alejaran del campo abierto. En Wyoming, los rancheros dinamitaron rebaños completos de ovejas o las tiraron desde los acantilados. A veces las **riñas**, o peleas, entre familias se convertían en guerras de ganado contra ovejas.

Las cercas contribuyeron a darle fin al campo abierto.

El auge del ganado no duró mucho tiempo. Unos rancheros no tenían suficiente tierra para alimentar el ganado que tenían. Gran parte del ganado murió durante una terrible tormenta de nieve durante el invierno de 1886–1887.

Las tierras abiertas para pastoreo se acabaron cuando los rancheros de ganado y de ovejas y los granjeros cercaron sus tierras. Los días del campo abierto llegaron a su fin.

¡REVÍSALO!

Lee más:

Lee estos libros de Navegadores™ para aprender más acerca de la conquista del Oeste:

Los vaqueros y el arreo de ganado
por Margaret C. Moran

¡La fiebre del oro!
por Eric Kraft

El Ferrocarril Transcontinental
por Eric Kraft

Indígenas norteamericanos traicionados

Varias naciones e indígenas norteamericanos vivían en el Oeste cuando empezaron a llegar los colonos en 1861. Naciones como la Cheyenne, Lakota, Arapaho y Comanche vivían en las Grandes Llanuras. Cazaban búfalos a caballo. Estos indígenas norteamericanos eran guerreros aguerridos y jinetes talentosos. Inspiraban temor a sus enemigos pero también admiración por sus habilidades y su espíritu.

tres jefes indígenas norteamericanos de la nación de Piegan

En 1865, más de 12 millones de búfalos pastaban en las Grandes Llanuras. Parecía que había suficientes para que duraran para siempre. A las personas del Este les nació la inclinación por la piel de búfalo. Los cazadores profesionales se dieron cuenta de que podían hacer dinero matando búfalos. Podían vender las pieles con grandes ganancias en el Este. Los cazadores mataban a los enormes animales, les quitaban las pieles y las llevaban a la línea de ferrocarril más cercana.

Otros cazadores mataban a los búfalos para alimentar al ejército de los Estados Unidos y los trabajadores que estaban construyendo los ferrocarriles. Los cazadores dejaban las praderas cubiertas con los restos de los búfalos muertos.

Cazadores matan millones de búfalos.

¡ES UN HECHO!

Tan increíble como parece, en sólo 25 años los cazadores redujeron el número de búfalos de 12 millones a menos de 1,000.

¡ES UN HECHO!

Los indígenas de las Llanuras necesitaban el búfalo. Su comida, su ropa, sus tipis y su combustible provenían del búfalo. De los huesos hacían tazas, cucharas, cuchillos y puntas de flecha. De los tendones (partes del cuerpo que conectan los músculos a los huesos) hacían hilos y cuerdas para los arcos.

Año tras año, los indígenas de las Llanuras perdieron sus búfalos. También perdieron su tierra debido a los mineros, rancheros y agricultores. El gobierno de los Estados Unidos forzó a los indígenas de las Llanuras a mudarse a **reservaciones**. Éstas eran áreas apartadas para que allí vivieran los indígenas norteamericanos, pero eran muy pequeñas para lograr una buena cacería. Muchos indígenas norteamericanos empezaron a pasar hambre y muchos incluso murieron. Miles murieron de enfermedades como viruela y sarampión. Antes de la llegada de los colonos, estas enfermedades eran desconocidas para los indígenas de las Llanuras.

Los indígenas de las Llanuras fueron forzados a vivir en reservaciones.

Batalla de Little Bighorn, 25 de junio de 1876

Los indígenas de las Llanuras lucharon contra el ejército de los Estados Unidos durante más tiempo y con mayor éxito que las naciones de indígenas norteamericanos de otras áreas.

Pelearon cientos de batallas contra el ejército de los Estados Unidos. Una de las más conocidas es la de Little Bighorn. En 1875, el descubrimiento de oro trajo a miles de exploradores hasta las Colinas Negras en el Territorio de Dakota. Esta era tierra sagrada para la nación Lakota. El gobierno de los Estados Unidos había firmado un tratado entregando de por vida las colinas a los Lakotas. Pero el ejército no cumplió su promesa.

Los Lakotas y los Cheyennes unieron sus fuerzas para pelear. En junio de 1876, el lugarteniente coronel George Armstrong Custer y sus soldados estaban en una misión de exploración.

Se encontraron con un gran grupo de Lakotas y Cheyennes acampando en el Río Little Bighorn en Montana. El Coronel Custer y sus hombres atacaron, y los Lakotas y Cheyennes los mataron a todos. El ejército estadounidense tomó venganza. Para el siguiente invierno, ya habían matado a muchos Lakotas y Cheyennes y forzado al resto a rendirse.

Para 1890, los indígenas de las Llanuras habían comenzado a practicar un nuevo ritual religioso llamado el Baile del Fantasma. Creían que con eso toda la gente blanca desaparecería de las llanuras. Esperaban que este baile trajera de vuelta a sus muertos y a los búfalos. El ejército de los Estados Unidos pensaba que el baile significaba más guerra y capturaron y mataron al gran líder Lakota, Toro Sentado.

En esta imagen aparecen el coronel Custer y algunos de sus hombres.

Persiguieron y detuvieron a los seguidores de Toro Sentado. En una última explosión de violencia, el ejército disparó a sus prisioneros en Wounded Knee Creek. Mataron a más de 200 hombres, mujeres y niños lakotas. La sangre de los muertos cubrió la nieve con un rojo encendido.

La última esperanza de los indígenas de las Llanuras murió en Wounded Knee.

Más de 200 Lakotas murieron en Wounded Knee, South Dakota.

ELLOS HICIERON LA DIFERENCIA

Susan La Flesche Picotte fue miembro de la nación Omaha. Fue la primera mujer indígena norteamericana que llegó a ser médico. Picotte nació en 1865 en la reservación de Omaha en Nebraska. Su padre, jefe de la nación Omaha, pensaba que para tener éxito en los Estados Unidos la educación era necesaria. Después de que Susan asistió a escuelas en la reservación, su padre la envió a escuelas en el Este. En 1889, se graduó de la escuela de medicina como la mejor de su clase. De 1891 a 1894, Picotte fue el médico principal de la reservación. Después, ella estableció un hospital allí. Después de que ella murió en 1915, el hospital recibió su nombre: Picotte.

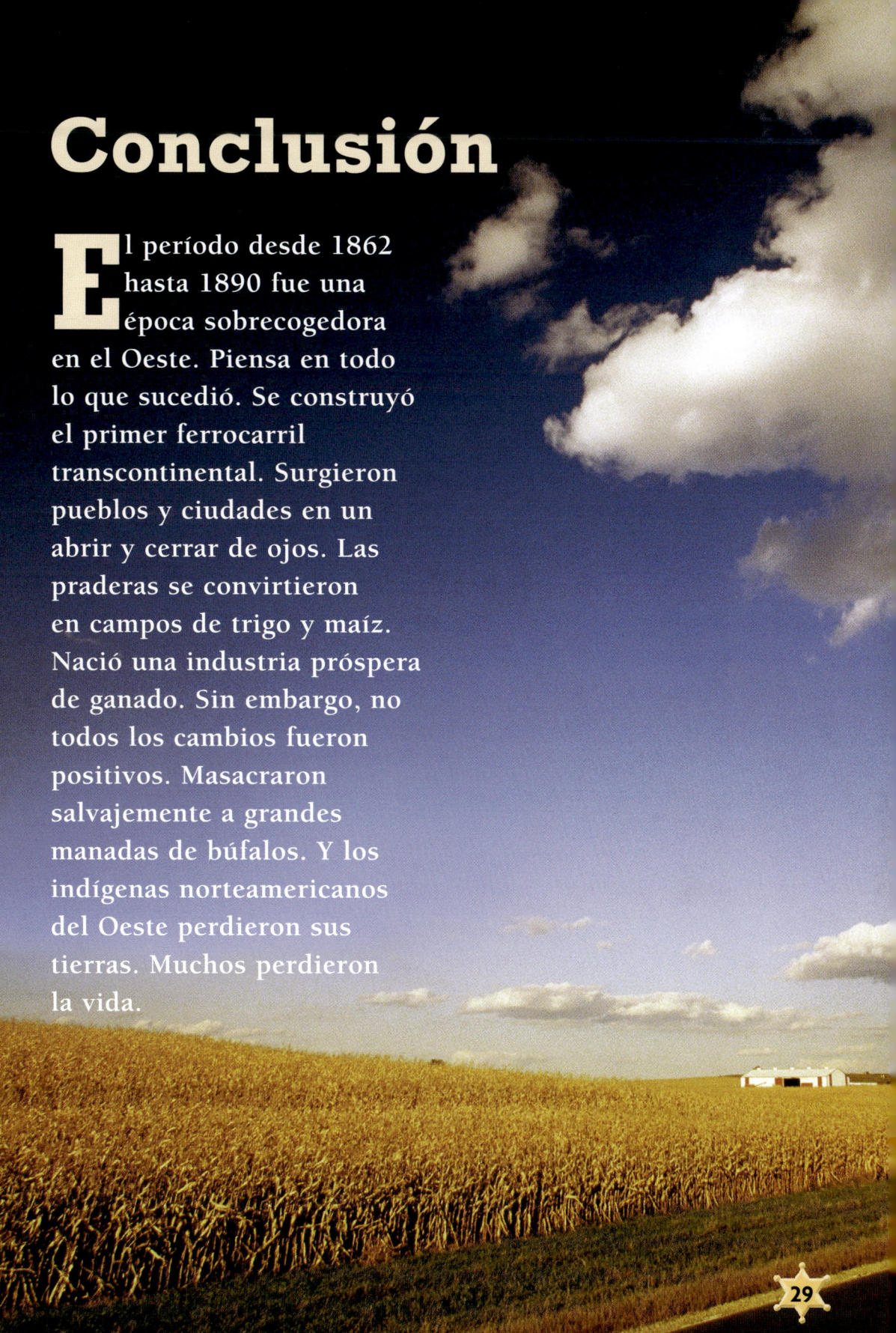

Conclusión

El período desde 1862 hasta 1890 fue una época sobrecogedora en el Oeste. Piensa en todo lo que sucedió. Se construyó el primer ferrocarril transcontinental. Surgieron pueblos y ciudades en un abrir y cerrar de ojos. Las praderas se convirtieron en campos de trigo y maíz. Nació una industria próspera de ganado. Sin embargo, no todos los cambios fueron positivos. Masacraron salvajemente a grandes manadas de búfalos. Y los indígenas norteamericanos del Oeste perdieron sus tierras. Muchos perdieron la vida.

CONCLUSIÓN

Pocas historias de los Estados Unidos han despertado más la imaginación que las del Oeste. Las aventuras de los colonos, los indígenas a caballo, la fiebre del oro y las guerras del ganado son conocidas en todo el mundo. La historia del Oeste es una de las mejores historias. Las historias del Oeste, parte historia y parte leyenda, evocan una era lejana cuando "se conquistó" el Oeste. Parece lleno de aventuras y emociones. Rara vez acentúan las dificultades y la lucha de la conquista del Oeste.

Las leyendas del Oeste inspiraron la creación de varias películas. Dale Evans, el caballo Trigger y Roy Rogers actuaron en varias películas del Oeste en los años cincuenta.

Glosario

descubrimiento   encontrar algo de valor, como oro, plata o petróleo (pág. 4)

establecerse   formar un hogar o una comunidad (pág. 3)

fiebre   gran movimiento de gente hacia un nuevo lugar en busca de oro o tierra (pág. 6)

pradera   planicie sin árboles y cubierta de pasto (pág. 3)

reservación   área de tierra establecida por el gobierno de los Estados Unidos donde forzaron a vivir a los indígenas norteamericanos (pág. 25)

riña   pelea con mucho tiempo de duración, frecuentemente entre dos familias (pág. 21)

sequía   largo período sin agua que causa daños, como el daño a los cultivos (pág. 16)

territorio   área geográfica (pág. 2)

terrones de hierba   tierra sostenida entre raíces de pasto (pág. 17)

veta   depósito grande de algo de valor, como oro o plata (pág. 7)

Índice